Scénario
O. GILLERON

Dessins
A. ROBET

VANNES

Couleurs N. VOILLAT

Conseillers Historiques
B. ANDRE
P. ANDRE
B. FRELAUT
C. HERBAUT
H. POUPARD

Le Téméraire

Cet album a fait l'objet d'un tirage de tête limité à 300 exemplaires numérotés de 1 à 300, constituant l'édition originale de la bande dessinée "Vannes".

Bibliographie sommaire :

- LEGUAY J.P. (collectif sous la direction de) : *Histoire de Vannes et de sa région* (Privat, 1988)
- Collectif : *2.000 ans d'histoire de Vannes* (Vannes, 1993)
- FRELAUT B. : *L'attaque de Vannes* (Institut culturel de Bretagne Ouest Editions, 1989)
- ANDRÉ P. et TRISTE A. (collectif sous la direction de) : *Quand Vannes s'appelait Darioritum* (Catalogue d'exposition, 1992)

Remerciements :

Les Editions Le Téméraire et le service culturel de la Mairie de Vannes remercient tout particulièrement :

- Le comité de lecture :
  - Monsieur Bernard ANDRE, Ingénieur d'études à l'école EHESS
  - Monsieur Patrick ANDRE, Professeur d'histoire
  - Monsieur Bertrand FRELAUT, Professeur d'histoire
  - Madame Claudie HERBAUT, Animatrice du Patrimoine
  - Monsieur Hubert POUPARD, Archiviste Municipal

- Nos partenaires :
  - l'Office du Tourisme du Pays de Vannes
  - Messieurs Tugdual KALVEZ et Guy THOUMELIN pour leurs conseils linguistiques
  - Le personnel du Musée de la Cohue
  - Le personnel du Musée de la Société Polymathique du Morbihan

Collection "Histoires des Villes" ISSN 1159-5523
ISBN 2-908703-29-7
Dépôt légal Juillet 1994

TOUT COMMENÇA IL Y A PLUS DE 7000 ANS, DANS UN PAYS QU'ON APPELLERAIT PLUS TARD, BIEN PLUS TARD, LE GOLFE DU MORBIHAN...
?!
PAR LA GRANDE MÈRE ! JAMAIS JE N'ARRIVERAI AU VILLAGE AVANT L'ORAGE !...
KRAAAK
À... À MOINS QUE...
NON ! IL EST INTERDIT DE VIOLER LA DEMEURE DES MORTS !
BAH, IL N'Y A PERSONNE POUR ME VOIR...
ET LE FEU DU CIEL ME FAIT TROP PEUR !

JE... JE N'Y VOIS RIEN... JE SERAI PLUS À L'ABRI AU FOND DU COULOIR !
BROOOOMM
LE PLAFOND DEVIENT PLUS ÉLEVÉ...
!?
BLONK
CLING
BROOOMM
LA CHAMBRE DES MORTS !
KRAAK
HAAA
?!

TU FAIS BIEN PEU DE CAS DE TOUT CE QUI EST SACRÉ, ARTH-PEAU D'OURS! PAR PEUR D'UN SIMPLE ORAGE, TU AS OSÉ ENTRER DANS LA CHAMBRE DES MORTS ET DÉRANGER L'ORDRE DES OBJETS RITUELS! ...
P... PAR TOUT CE QUI EST SACRÉ!! ... LA ... LA GRANDE MÈRE !!!
TU AS PROFANÉ MON SANCTUAIRE, MOI QUI SUIS DISPENSATRICE DE VIE... ET DE MORT... POUR CELA, TU DOIS ÊTRE PUNI!
ÉCOUTE MA MALÉDICTION, ARTH-LE SACRILÈGE : PUISQUE TU AS DÉRANGÉ LE SÉJOUR DES TRÉPASSÉS, CELUI-CI TE SERA DÉSORMAIS REFUSÉ ...
... JUSQU'À CE QUE, PAR UNE DE TES CHANSONS, TU PARVIENNES À FAIRE RÉSONNER TA VOIX DANS DIFFÉRENTS LIEUX À LA FOIS!
NON... NON!
C'EST IMPOSSIBLE!
D'ICI LÀ, TU NE DEVRAS EN AUCUN CAS T'ÉLOIGNER DU TERRITOIRE DE TA TRIBU, SOUS PEINE DE VOIR LA MALÉDICTION SE PROLONGER ÉTERNELLEMENT!
C'EST UN MAUVAIS RÊVE!
TU NE RÊVES PAS, ARTH-LE MAUDIT! TU AS MAINTENANT TOUT LE TEMPS DE MÉDITER SUR LE RESPECT QUE TU ME DOIS! METS CE TEMPS À PROFIT... ADIEU!
NON... NON!
K-RAAAK
NOOON!

TOUT CELA S'EST PASSÉ IL Y A PLUS DE CENT SAISONS ... TU ES LA PREMIÈRE PERSONNE À QUI J'EN PARLE, TANN ...
... PARCE QUE TU ES UN PRÊTRE DE LA GRANDE MÈRE, MAIS SURTOUT PARCE QUE TU ES ... MON FRÈRE !
TU ÉTAIS MON CADET DE SEPT CYCLES SOLAIRES ... ET AUJOURD'HUI, ON TE PREND SOUVENT POUR MON PÈRE !
C'EST MA FOI VRAI, HÉ! HÉ! HÉ!
NE RIS PAS DE MON MALHEUR, TANN ! LE TEMPS N'A PAS DE PRISE SUR MOI ! JE SUIS MAUDIT, MAUDIT !
CALME-TOI, MON FRÈRE, MA FONCTION DE PRÊTRE DE LA GRANDE-MÈRE M'A APPRIT QU'ELLE NE FAIT JAMAIS RIEN AU HASARD ...
JE PENSE QUE CETTE "MALÉDICTION" N'EST EN FAIT QU'UN PRÉTEXTE ...
QUE VEUX-TU DIRE ?
UN JOUR, NOTRE PEUPLE DISPARAÎTRA ... TOUT CE QUE NOUS SOMMES, TOUS CES MONUMENTS QUE NOUS AVONS ÉLEVÉS EN HONNEUR DE LA DÉESSE, NOTRE NOM MÊME ... TOUT CELA SOMBRERA DANS LA MARÉE DE L'OUBLI ...
LES GENS NE SAURONT PLUS SAVOURER LA DANSE DU SOLEIL ET DES ÉTOILES, NOS LÉGENDES DISPARAÎTRONT ... LA DÉESSE A BESOIN DE QUELQU'UN POUR SE SOUVENIR ET PORTER TÉMOIGNAGE DE TOUT CE QUI S'EST PASSÉ ET SE PASSERA DANS LES CYCLES À VENIR ...
JE SUIS CONVAINCU QUE C'EST POUR CELA QU'ELLE T'A CHOISI, TOI, UN MUSICIEN, UN POÈTE, UN PORTEUR DE MÉMOIRE ...
TU SERAS LA MÉMOIRE VIVANTE DE CE PAYS ET DE SES HABITANTS !
TU ... TU CROIS VRAIMENT !
J'EN SUIS SÛR ... ET POUR CELA ...
... JE T'ENVIE, ARTH-LA-MÉMOIRE !
MON FRÈRE TANN-LE-SAGE EST ALLÉ REJOINDRE LA GRANDE-MÈRE TRENTE SAISONS PLUS TARD, COMME TOUS CEUX QUE J'AVAIS CONNU DURANT MON ENFANCE ... COMME TANN L'AVAIT PRÉDIT, LE PEUPLE DES PIERRES LEVÉES ET LE CULTE DE LA GRANDE DÉESSE TOMBÈRENT UN JOUR DANS L'OUBLI ...
MAIS, MOI, ARTH, JE DEMEURAIS ...
CE QUI SUIT EST L'HISTOIRE DE MON PAYS AUTANT QUE LA MIENNE ...

UNE FORÊT DENSE, PROCHE DU GOLFE DU MORBIHAN, EN 53 AVANT J.C ...
PAR ICI, ON Y EST PRESQUE !
VOILÀ, C'EST ICI !
JE VAIS APPELER LE MAÎTRE ...
MAÎTRE ! MAÎTRE ! C'EST NOUS ! VOUS POUVEZ SORTIR !
PAR LA GRANDE MÈRE ! ÊTES-VOUS INCONSCIENTS !
VOULEZ-VOUS, PAR VOS CRIS, AMEUTER LES PATROUILLES DE L'OCCUPANT ?
IGNOREZ-VOUS QU'EN TANT QUE BARDE, MA TÊTE EST MISE À PRIX PAR LES ROMAINS ?
NON, MAÎTRE... NOUS ...
SOIT ! JE SAIS QUE VOUS AVEZ PRIS DES PRÉCAUTIONS ... MAIS SOYEZ ENCORE PLUS PRUDENTS À L'AVENIR !
REPRENONS L'ENSEIGNEMENT ! NOUS EN ÉTIONS AUX SÉRIES, N'EST-CE PAS ?
C'EST QUE ... MAÎTRE ARTORIX ...
... POURRIEZ-VOUS NOUS CHANTER À NOUVEAU COMMENT NOS PÈRES TOMBÈRENT DEVANT LES ROMAINS ... ?
VOUS AIMEZ CE CHANT, N'EST-CE PAS ? SOIT ...
DANSE ET CHANT ! CHANT ET BATAILLE ! GLAIVE AU POING SUR LE BORD DE LA PETITE MER !
DE TOUS LES PEUPLES D'ARMORIQUE, LES VÉNÈTES ÉTAIENT LES PLUS VAILLANTS, INNOMBRABLES ÉTAIENT LEURS NAVIRES ET INTRÉPIDES LEURS MARINS !

(1) LA GRANDE-BRETAGNE - (2) GOLFE DU MORBIHAN
(3) PEUPLE DE LA RÉGION D'ANGERS - (4) GUERRIERS DE CONFIANCE DU CHEF.

PASSÉE LA SAISON DES TEMPÊTES, LE **ROMAIN** FIT SORTIR SA FLOTTE DE GUERRE DE L'EMBOUCHURE DE LA **LOIRE**. ELLE CINGLAIT VERS LE PAYS DE VOS PÈRES.
FACE À ELLE, LES VAILLANTS **VÉNÈTES** ALIGNÈRENT PLUS DE DEUX CENTS VAISSEAUX À LA SORTIE DE LA "PETITE MER".
C'ÉTAIENT DE FIERS BATEAUX, RAPIDES COMME LE VENT, HAUTS SUR L'EAU ET ASSEZ SOLIDES POUR RÉSISTER AUX ÉPERONS DE LEUR ENNEMI.
MAIS LES DIEUX DÉLAISSÈRENT LES **VÉNÈTES** ...
PAR TEUTATÈS ! LE VENT EST TOMBÉ !
AU PLUS FORT DE LA MÊLÉE, INCAPABLES DE SE MOUVOIR, LES NÔTRES FURENT BIENTÔT ENCERCLÉS PAR LES GALÈRES ROMAINES, MUNIES DE RAMES.
CE FUT UN CARNAGE... SANG ET FEU ! FER ET BATAILLE ! GLAIVE SANGLANT SUR LE BORD DE LA PETITE MER !
APRÈS SA VICTOIRE TOTALE, **CÉSAR** FIT PENDRE LES CHEFS **VÉNÈTES** ...
... ET EMMENA LE RESTE DES HOMMES EN ESCLAVAGE.
CRIS ET PLEURS ! FERS ET ENTRAVES ! GLAIVE BRISÉ SUR LE BORD DE LA PETITE MER ...
SEULS CEUX QUI, COMME MOI, TROUVÈRENT REFUGE DANS LA FORÊT, EN RÉCHAPPÈRENT... C'ÉTAIT IL Y A TROIS ANS.
N'OUBLIEZ JAMAIS LE SACRIFICE DE VOS PÈRES, PETITS VÉNÈTES ...
ET MAINTENANT, REPRENONS LA LEÇON ...

APRÈS BIEN DES DÉCENNIES D'EXIL AU CŒUR DE LA FORÊT, JE DÉCIDAI DE ME MÊLER DE NOUVEAU À LA VIE DE MON PAYS ET DE VOIR DE MES YEUX LES CHANGEMENTS QUI RÉSULTAIENT DE PRÈS D'UN SIÈCLE D'OCCUPATION ROMAINE. LE PLUS MARQUANT D'ENTRE EUX ÉTAIT CETTE VILLE QUE LES ROMAINS AVAIENT CONSTRUITE À LA LIMITE DE LA REMONTÉE DES MARÉES DANS LE GOLFE...
DARIORITUM !
AVANT D'ENTRER EN VILLE, JE ME RENDIS À LA NÉCROPOLE...
... OÙ REPOSAIENT, APRÈS UNE VIE BIEN REMPLIE, MES ANCIENS ÉLÈVES DE LA FORÊT.
SOYEZ EN PAIX, PETITS VÉNÈTES ET SALUEZ LA GRANDE MÈRE POUR MOI !...
PUIS J'ÉVOLUAI AU MILIEU DE LA POPULATION COLORÉE DE DARIORITUM...
HUÎTRES ! HUÎTRES DU GOLFE !
POTERIES ! CÉRAMIQUES IMPORTÉES DES TROIS GAULES !
LA VILLE, CAPITALE DE LA CITÉ (1) DES VÉNÈTES, ME PARUT RICHE, ON Y FABRIQUAIT MÊME DES BIJOUX.
DANS LE QUARTIER DES TANNEURS, ON ASSOUPLISSAIT LES PEAUX À LA CHAUX DE COQUILLES D'HUÎTRES PILÉES...
(1) TERRITOIRE, DIVISION ADMINISTRATIVE.
MAIS C'EST SUR LE PORT QUE JE TROUVAI CE QUE JE CHERCHAI.
JE M'APPELLE ARTORIX. JE SAIS JOUER DE TOUS LES INSTRUMENTS DE MUSIQUE...
JE CHERCHE UN EMPLOYEUR GÉNÉREUX CHEZ QUI EXERCER MON ART DE CHANTER.
PAR JUPITER ! TU NE POUVAIS PAS MIEUX TOMBER ! JE SUIS CAIUS BUBIUS, PRINCIPAL NÉGOCIANT DE CETTE VILLE... MA FEMME ME RÉCLAME UN MUSICIEN PRIVÉ DEPUIS DES LUSTRES...
VIENS DONC JOUER DANS NOTRE VILLA DE CAMPAGNE !

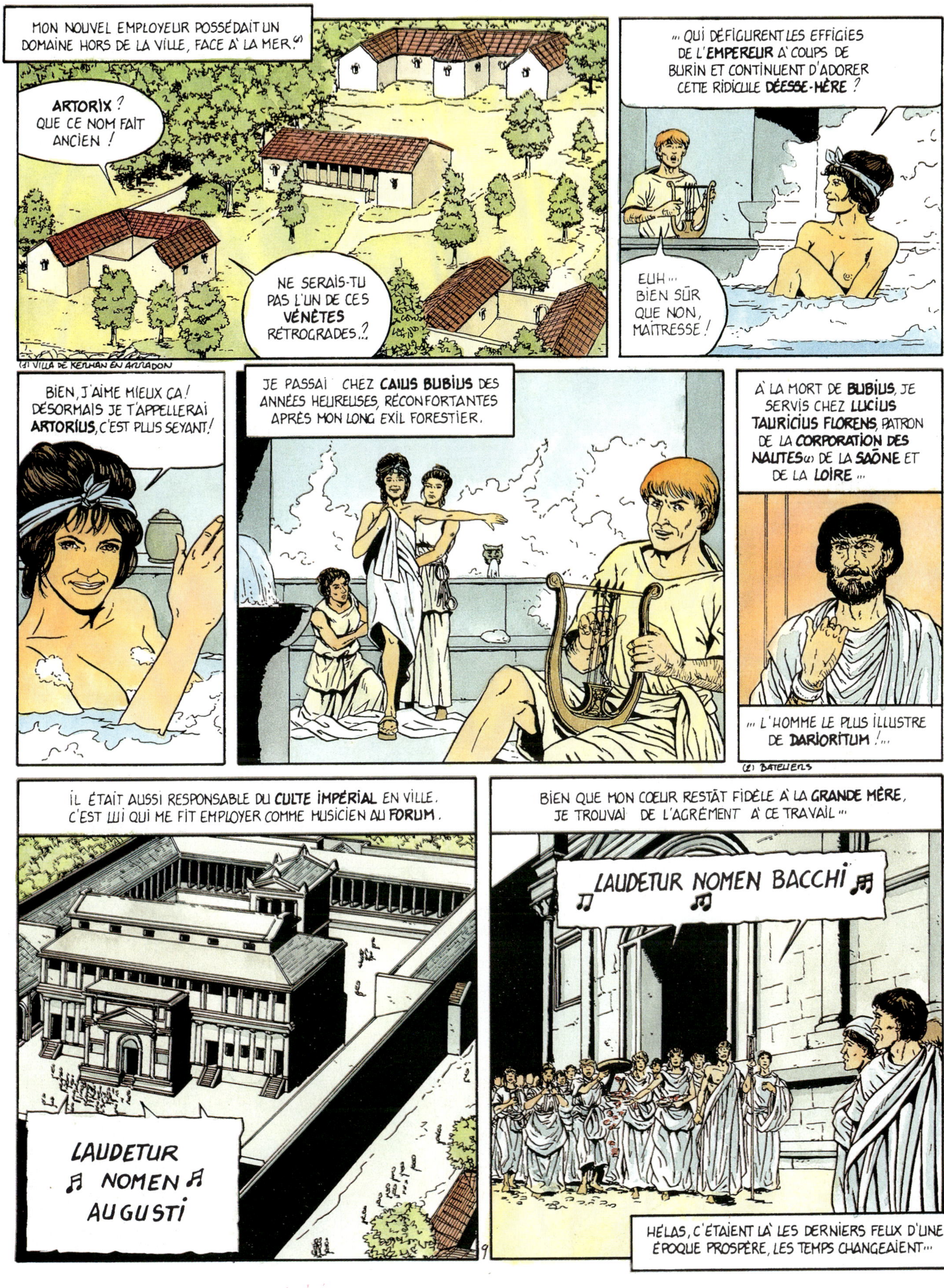

MON NOUVEL EMPLOYEUR POSSÉDAIT UN DOMAINE HORS DE LA VILLE, FACE À LA MER.(1)
ARTORIX ? QUE CE NOM FAIT ANCIEN !
NE SERAIS-TU PAS L'UN DE CES VÉNÈTES RÉTROGRADES..?
(1) VILLA DE KERHAN EN ARRADON
... QUI DÉFIGURENT LES EFFIGIES DE L'EMPEREUR À COUPS DE BURIN ET CONTINUENT D'ADORER CETTE RIDICULE DÉESSE-MÈRE ?
EUH... BIEN SÛR QUE NON, MAÎTRESSE !
BIEN, J'AIME MIEUX ÇA ! DÉSORMAIS JE T'APPELLERAI ARTORIUS, C'EST PLUS SEYANT !
JE PASSAI CHEZ CAIUS BUBIUS DES ANNÉES HEUREUSES, RÉCONFORTANTES APRÈS MON LONG EXIL FORESTIER.
À LA MORT DE BUBIUS, JE SERVIS CHEZ LUCIUS TAURICIUS FLORENS, PATRON DE LA CORPORATION DES NAUTES(2) DE LA SAÔNE ET DE LA LOIRE...
... L'HOMME LE PLUS ILLUSTRE DE DARIORITUM !...
(2) BATELIERS
IL ÉTAIT AUSSI RESPONSABLE DU CULTE IMPÉRIAL EN VILLE. C'EST LUI QUI ME FIT EMPLOYER COMME MUSICIEN AU FORUM.
LAUDETUR NOMEN AUGUSTI
BIEN QUE MON COEUR RESTÂT FIDÈLE À LA GRANDE MÈRE, JE TROUVAI DE L'AGRÉMENT À CE TRAVAIL...
LAUDETUR NOMEN BACCHI
HÉLAS, C'ÉTAIENT LÀ LES DERNIERS FEUX D'UNE ÉPOQUE PROSPÈRE, LES TEMPS CHANGEAIENT...

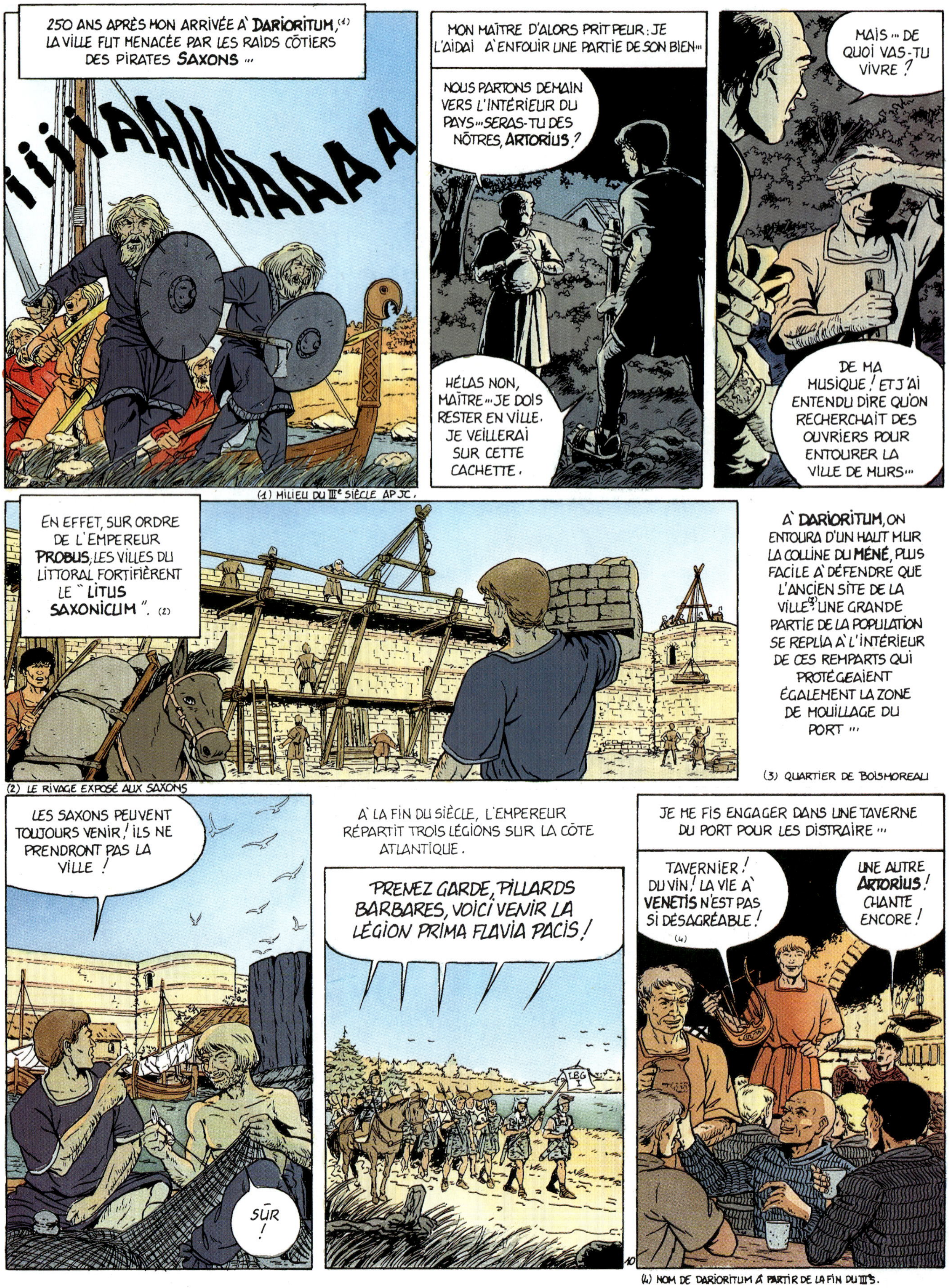
250 ANS APRÈS MON ARRIVÉE À DARIORITUM,(1) LA VILLE FUT MENACÉE PAR LES RAIDS CÔTIERS DES PIRATES SAXONS ...
¡¡¡¡AAAAAAAAAA
(1) MILIEU DU IIIe SIÈCLE AP JC.
MON MAÎTRE D'ALORS PRIT PEUR : JE L'AIDAI À ENFOUIR UNE PARTIE DE SON BIEN...
NOUS PARTONS DEMAIN VERS L'INTÉRIEUR DU PAYS... SERAS-TU DES NÔTRES, ARTORIUS ?
HÉLAS NON, MAÎTRE... JE DOIS RESTER EN VILLE. JE VEILLERAI SUR CETTE CACHETTE.
MAIS ... DE QUOI VAS-TU VIVRE ?
DE MA MUSIQUE ! ET J'AI ENTENDU DIRE QU'ON RECHERCHAIT DES OUVRIERS POUR ENTOURER LA VILLE DE MURS...
EN EFFET, SUR ORDRE DE L'EMPEREUR PROBUS, LES VILLES DU LITTORAL FORTIFIÈRENT LE "LITUS SAXONICUM". (2)
(2) LE RIVAGE EXPOSÉ AUX SAXONS
À DARIORITUM, ON ENTOURA D'UN HAUT MUR LA COLLINE DU MÉNÉ, PLUS FACILE À DÉFENDRE QUE L'ANCIEN SITE DE LA VILLE(3). UNE GRANDE PARTIE DE LA POPULATION SE REPLIA À L'INTÉRIEUR DE CES REMPARTS QUI PROTÉGEAIENT ÉGALEMENT LA ZONE DE MOUILLAGE DU PORT ...
(3) QUARTIER DE BOISMOREAU
LES SAXONS PEUVENT TOUJOURS VENIR ! ILS NE PRENDRONT PAS LA VILLE !
SÛR !
À LA FIN DU SIÈCLE, L'EMPEREUR RÉPARTIT TROIS LÉGIONS SUR LA CÔTE ATLANTIQUE.
PRENEZ GARDE, PILLARDS BARBARES, VOICI VENIR LA LÉGION PRIMA FLAVIA PACIS !
LEG I
JE ME FIS ENGAGER DANS UNE TAVERNE DU PORT POUR LES DISTRAIRE ...
TAVERNIER ! DU VIN ! LA VIE À VENETIS(4) N'EST PAS SI DÉSAGRÉABLE !
UNE AUTRE ARTORIUS ! CHANTE ENCORE !
(4) NOM DE DARIORITUM À PARTIR DE LA FIN DU IIIe S.

(1) DE GRANDE BRETAGNE

ALORS QUE LES **BRETONS** S'INTÉGRAIENT, AVEC PLUS OU MOINS DE RÉUSSITE SELON LES LIEUX À LA POPULATION ARMORICAINE, LES **FRANCS**, CONDUITS PAR **CLOVIS** PUIS PAR SES FILS, SE TAILLAIENT UN ROYAUME ENTRE **SEINE** ET **LOIRE**... À **VANNES**, LES **BRETONS** AVAIENT RENFORCÉ LA PRATIQUE DE LA RELIGION CHRÉTIENNE.

EN 753, LE ROI DES FRANCS MIT LE SIÈGE DEVANT VANNES.(1)
VOYEZ MAJESTÉ ! DES PLÉNIPOTENTIAIRES SORTENT DE LA VILLE ...
ENFIN ! QU'ILS AVANCENT SANS CRAINTE : JE VAIS ENTENDRE LEUR PROPOSITION ...
PUISSANT ROI DES FRANCS ... NOTRE BONNE VILLE SE REND À VOUS. NOS CHEFS SE TIENNENT À VOTRE MERCI SI TOUTEFOIS VOTRE GRANDE MANSUÉTUDE ÉVITE AUX HABITANTS DE VANNES(2) LA DOULEUR ET L'HUMILIATION DU PILLAGE.
QUE L'UN DE VOUS AILLE DIRE À VOS CHEFS BRETONS QUE J'ACCEPTE LEUR REDDITION : QU'ON M'OUVRE LES PORTES ET IL N'Y AURA PAS DE PILLAGE.
C'EST MOI QUI FUS CHARGÉ DE CETTE MISSION.
(1) PÉPIN LE BREF
(2) L'ORTHOGRAPHE RESTE VENNES JUSQU'AU XVIe S.
À VANNES, LE ROI DES FRANCS S'INSTALLA DANS LA DEMEURE DE L'ÉVÊQUE.
J'ENTENDS FAIRE DE CETTE VILLE AINSI QUE DE RENNES ET NANTES LA BASE DE DÉPART DE MES EXPÉDITIONS CONTRE LE ROI BRETON MORVAN ...
CES TROIS CITÉS FORMERONT LA MARCHE DE BRETAGNE, ELLES SERONT SOUS L'AUTORITÉ D'UN COMTE FRANC, SECONDÉ PAR UN PRÉFET ET PAR UN CHEF BRETON(2) ACQUIS À NOTRE CAUSE.
LE PREMIER RESPONSABLE FRANC DE LA MARCHE DE BRETAGNE FUT UN JEUNE HOMME NOMMÉ ROLAND.
JE DEVINS SON MUSICIEN PERSONNEL ET, RAPIDEMENT, SON AMI.
(2) LE MACHTIERN
MAIS, EN 777 ...
LE ROI(3) ME FAIT MANDER POUR UNE EXPÉDITION GUERRIÈRE AU-DELÀ DES PYRÉNÉES ! M'ACCOMPAGNERAS-TU ?
CE SERAIT AVEC JOIE SEIGNEUR ... MAIS TU SAIS À QUEL POINT L'AMOUR DE MON PAYS ME TIENT LIÉ À LUI !
AH ! AH ! CES ARTISTES !
HÉLAS, LE COMTE ROLAND PÉRIT AVEC L'ARRIÈRE-GARDE FRANQUE SOUS LES COUPS DES VASCONS, L'ANNÉE SUIVANTE.
EN SA MÉMOIRE, JE COMPOSAI UNE ÉPOPÉE CHANTÉE QUI FIT LA JOIE DE LA COUR DU COMTE GUI, SON SUCCESSEUR.
CETTE CHANSON ÉTAIT PROMISE À UN BEL AVENIR !
(3) CHARLEMAGNE

EN L'AN 831, L'EMPEREUR LOUIS (1) LASSÉ DES RÉVOLTES DE SES FIDÈLES, DONNA LE COMTÉ DE VANNES ET LE COMMANDEMENT DE LA BRETAGNE À UN BRETON !
MOI, NOMINOÉ, PRINCE DE LA CITÉ VÉNÈTE ET GOUVERNEUR DANS TOUTE LA BRETAGNE ...
... AUTORISE CE JOUR LE SAINT HOMME CONWOION À FONDER UNE ABBAYE SUR LA TERRE DE REDON.
NOMINOÉ RESTA LONGTEMPS FIDÈLE À L'EMPEREUR, MAIS, À LA MORT DE CE DERNIER, EN 840 ...
LES HÉRITIERS DE LOUIS SE DÉCHIRENT L'EMPIRE, MON BRAVE ARZHUR ...
(1) LOUIS LE PIEUX
LE TEMPS EST VENU D'AFFRANCHIR MON MISSATICUM (2) DE LA TUTELLE IMPÉRIALE !
IL Y PARVINT GRÂCE À SA VICTOIRE SUR LES FRANCS EN 845, PRÈS DE REDON !
AGISSANT EN VÉRITABLE SOUVERAIN, NOMINOÉ OEUVRA À AFFRANCHIR LES ÉVÊCHÉS DE BRETAGNE DE LA TUTELLE DE L'ARCHEVÊQUE DE TOURS.
ST PÔL
TREGUIER
ST MALO
ST BRIEUC
DOL
QUIMPER
RENNES
VANNES
NANTES
À SA MORT, SES SUCCESSEURS ERISPOÉ PUIS SALOMON REPOUSSÈRENT ENCORE LES LIMITES DU "ROYAUME DE BRETAGNE".
(2) COMMANDEMENT DE LA BRETAGNE
MAIS UNE NOUVELLE MENACE SE FIT JOUR SUR LES CÔTES DE L'OUEST ...
DIWALLOMP! (3) DIWALLOMP!
LES HOMMES DU NORD !
(3) ALERTE
À L'ÉTÉ 845, ELLE S'APPROCHA DE VANNES !
PAR LA GRANDE MÈRE ! AUX ARMES ! VITE !

(1) LE RENARD BARBU GLAPIT, GLAPIT, GLAPIT AU BOIS ! MALHEUR AUX LAPINS ÉTRANGERS ! SES YEUX SONT DEUX LAMES TRANCHANTES !

VANNES, 1160...
AH ! HOËL ! JE SUIS HEUREUX QUE TON PÈRE T'ENVOIE À MOI POUR PARFAIRE TON ENSEIGNEMENT MUSICAL !
C'EST AUSSI UN HONNEUR POUR MOI, MAÎTRE !
ALLONS ! APPELLE-MOI ARZHUR !
MAIS AVANT TOUT, IL TE FAUT CONNAÎTRE NOTRE VILLE, LA FIÈRE CITÉ DES ANCIENS VÉNÈTES.
VOICI LE CHÂTEAU DE LA MOTTE, CONSTRUIT AU LENDEMAIN DES INVASIONS NORMANDES SUR LA COLLINE DE MEIN-GUEVR...
ET ICI, LA CATHÉDRALE, RECONSTRUITE DANS UN NOUVEAU STYLE(1). COMMENT LA TROUVES-TU ?
IMPRESSIONNANTE !
ON DIT QUE NOTRE ÉVÊQUE ACTUEL, ROUAULT, A EN PROJET DE L'AGRANDIR !
(1) LE ROMAN
NOUS VOICI DANS NOTRE "COHUE"(2) TOUTE NEUVE !
ET ICI, TU PEUX TROUVER TOUTES LES DENRÉES VENDUES SUR LE PORT OU PROVENANT DE L'ARRIÈRE-PAYS !
VIN D'AQUITAINE !
HARENGS ! HARENGS FRAIS OU FUMÉS !
AU BLÉ ! AU BON BLÉ !
AH ! LE BON SEL DE NOS SALINES !
J'EN AI ENTENDU PARLER : IL PARAÎT QU'ON LE RÉCOLTE ICI DEPUIS LA NUIT DES TEMPS.
HÉ HÉ ! SI TU SAVAIS...
(2) HALLE
16
LÀ, EN FACE, C'EST L'ÉGLISE St PATERN QUI CONSERVE LES RELIQUES DE NOTRE PREMIER ÉVÊQUE...
TA CHORALE DE CHANOINES EXISTE TOUJOURS, PATERN !
VOIS LA PETITE AGGLOMÉRATION QUI SE DÉVELOPPE AUTOUR DE CE SANCTUAIRE !...
ET LÀ, TOUT EN BAS, C'EST LE PORT OÙ J'AI ACCOSTÉ CE MATIN...

(1) BRO-EREC OU BRO WAROCH : VANNETAIS
(2) SORTE DE LOYER PERÇU POUR L'OCCUPATION D'UNE MAISON OU D'UNE TERRE

(3) CONAN IV LE PETIT (1156 - 1166)

(1) JEAN Ier (1217-1286)
(2) INSTALLÉS EN 1260

AVEC COURAGE, LES GENS DE VANNES QUI AVAIENT SURVÉCU SE MIRENT À RECONSTRUIRE LA VILLE.
L'ANNÉE SUIVANTE, LE DUC JEAN II CÉDA LE CHÂTEAU DE LA MOTTE À L'ÉVÊQUE HENRI TORS.
HÉ HÉ ! DEPUIS LE TREMBLEMENT DE TERRE, CETTE RUINE COÛTE CHER AU TRÉSOR DUCAL ! M'EN VOILÀ DÉBARRASSÉ !...
NOUS, JEAN, PAR LA GRÂCE DE DIEU DUC DE BRETAGNE ET COMTE DE VANNES, REMETTONS...
MAIS IL FALLUT PLUSIEURS DÉCENNIES POUR QUE DISPARAISSENT LES DERNIÈRES CICATRICES DU SÉISME.
MARZHÍN, MARZHÍN, EMEN ÍT-C'HWÍ... KEN ABRET GET HO KÍ DU...
VANNES 1341...
AAH... ARZHUR ! TES COMPLAINTES NOUS FERAIENT PRESQUE OUBLIER LES MALHEURS DU TEMPS !...
PAUVRES DE NOUS ! NOTRE DUC JEAN N'EST PAS ENCORE FROID QUE SA SUCCESSION EST DÉJÀ L'OBJET DE DISPUTES...
...ENTRE JEAN DE MONTFORT, DEMI-FRÈRE DU DÉFUNT DUC, ET JEANNE DE PENTHIÈVRE, SA NIÈCE, L'ÉPOUSE DE CHARLES DE BLOIS !
À QUEL PRÉTENDANT IRA NOTRE FIDÉLITÉ !
À MONTFORT PARDI !
OUI, MAIS ATTENTION, LE ROI DE FRANCE SOUTIENT CHARLES DE BLOIS !
PRENDS GARDE, CITÉ DES VÉNÈTES, TA FIDÉLITÉ RISQUE DE TE COÛTER LA TÊTE !
PEU DE TEMPS APRÈS, AU DÉBUT DE L'ÉTÉ, JEAN DE MONTFORT FAISAIT SON ENTRÉE EN VILLE...
MONTFORT ! MONTFORT !
LONGUE VIE AU DUC !
VIVE NOTRE DUC !
GENS DE VANNES ! GRAND MERCI POUR VOTRE LOYAUTÉ ET VOTRE ACCUEIL ! EN ME RECONNAISSANT POUR VOTRE LÉGITIME SEIGNEUR, VOUS ASSUREZ L'AVENIR DE VOTRE CITÉ !...
RIEN N'EST MOINS SÛR !
MONTFORT SÉJOURNA DEUX JOURS EN VILLE ET Y INSTALLA SES OFFICIERS ET SON ADMINISTRATION.

DÈS L'ANNÉE SUIVANTE, L'ARMÉE DE CHARLES DE BLOIS ÉTAIT SOUS NOS MURS ...
VANNETAIS, ÉCOUTEZ-MOI ! RENIEZ MONTFORT LE FAUX DUC !
NON SEULEMENT IL EST LE JOUET DU ROI D'ANGLETERRE (1) ET DONC L'ENNEMI DU ROYAUME ...
... MAIS IL EST AUSSI MON PRISONNIER ! SA CAUSE EST PERDUE ...
OUVREZ LES PORTES ET JE SAURAI FAIRE PREUVE DE CLÉMENCE !
(1) ÉDOUARD III, ALLIÉ À LA MAISON DES MONTFORT
EN VILLE, AU PREMIER ÉTAGE DE LA COHUE.
MES AMIS, MOI, GEOFFROY DE MALESTROIT, CAPITAINE DE LA GARNISON, JE M'ADRESSE À VOUS ET JE VOUS DEMANDE CONSEIL ...
VOUS SAVEZ TOUS QUE, BIEN QUE NOTRE DUC SOIT AUX MAINS DE L'ENNEMI, MA LOYAUTÉ DEMEURE À LA CAUSE MONTFORT ...
QU'EN EST-IL DE LA VÔTRE ?
L'ARMÉE DE BLOIS A DÉJÀ RAVAGÉ LES FAUBOURGS ET L'ARRIÈRE-PAYS ...
NOUS NE TIENDRONS PAS LONGTEMPS COUPÉS DE NOTRE RAVITAILLEMENT ...
CE CONFLIT DURE DEPUIS TROP LONGTEMPS ! LE COMMERCE S'EN RESSENT ... IL FAUT CAPITULER !
OUI !
IL A RAISON !
NÉGOCIONS AVEC CHARLES DE BLOIS !
AINSI, LES GENS DE VANNES, CONTRE L'AVIS DE LEUR CAPITAINE, DÉCIDÈRENT-ILS D'OUVRIR LA VILLE AU PARTI DE BLOIS ...
HÉLAS ! NOS ENNUIS NE FONT QUE COMMENCER !
EFFECTIVEMENT, DÈS OCTOBRE 1342, ROBERT D'ARTOIS ET SES ANGLAIS RAVAGENT LE PAYS ET REPRENNENT LA VILLE POUR LE COMPTE DES MONTFORT.
LE BANNI D'ARTOIS Y LAISSE LA VIE.
QUELQUES JOURS PLUS TARD, OLIVIER DE CLISSON PREND VANNES D'ASSAUT ET EN CHASSE LES ANGLAIS.
EN DÉCEMBRE, IL RÉSISTE À UN SIÈGE MENÉ PAR ÉDOUARD D'ANGLETERRE EN PERSONNE.
20

MAIS, EN 1344, PENDANT UNE TRÊVE(1), LES TROUPES ANGLAISES ENTRÈRENT EN VILLE. L'ÉVÊQUE DE VANNES, GEOFFROI DE SAINT-GUEN, RÉUNIT AUSSITÔT LES REPRÉSENTANTS DES DIFFÉRENTES COMMUNAUTÉS DE LA CITÉ...
MESSIEURS, MON SENTIMENT EST QUE NOUS DEVONS NOUS RALLIER À L'ANGLAIS ET À NOTRE DUC LÉGITIME JEAN DE MONTFORT
NOTRE ÉVÊQUE A RAISON !
DE PLUS, LES ANGLAIS ASSURERONT LA REPRISE DU COMMERCE MARITIME !...
OUI !
RALLIONS-NOUS AUX ANGLAIS !
(1) TRÊVE DE MALESTROIT
VANNES, FAUBOURG St PATERN, 1354.
VOILÀ MAINTENANT PRÈS DE DIX ANS QUE NOTRE VILLE EST SOUS ADMINISTRATION ANGLAISE...
JEAN DE MONTFORT EST MORT(2) ! SON FILS SE BAT POUR REPRENDRE SES PLACES À CHARLES DE BLOIS...
MAIS QUE NOUS A APPORTÉ L'ANGLAIS À PART L'INDISCIPLINE DE SES TROUPES...
ET DE NOUVEAUX IMPÔTS ?
IL A TRANSFORMÉ NOTRE VIEILLE ÉGLISE St PATERN EN VÉRITABLE FORTERESSE ET RUINÉ LA MURAILLE DE LA CITÉ...
(2) EN 1345
AH, SÛR ! CERTAINS VANNETAIS S'Y RETROUVENT, COMME CE GROS MARCHAND GUILLAUME ARTHUR, QUI COMMERCE AVEC L'ANGLETERRE...
IL S'EST FAIT ÉLIRE AU CONSEIL DE VILLE, ET A REPRÉSENTÉ NOTRE CITÉ AUX ETATS DE BRETAGNE.(3)
MAIS LA COLÈRE DES HUMBLES GRONDE... IL EST TEMPS QUE NOTRE DUC JEAN IV METTE UN TERME À SON COMBAT CONTRE LES PENTHIÈVRE...
... ET RENVOIE LES ANGLAIS CHEZ EUX !
21
(3) À DINAN EN 1353
CE FUT CHOSE FAITE APRÈS LA VICTOIRE DE JEAN IV À AURAY LE 29 SEPTEMBRE 1364, OÙ CHARLES DE BLOIS TROUVA LA MORT.
LE TRAITÉ DE GUÉRANDE EN AVRIL 1365 MIT FIN À VINGT QUATRE ANNÉES DE GUERRE ET À LA LONGUE OCCUPATION ANGLAISE.

(1) LE BLASON DE BRETAGNE PORTE "D'HERMINES".

(2) IMPÔT DIRECT PAYÉ PAR CHAQUE FEU (FOYER)

(3) VANNES COMPTE À L'ÉPOQUE PRÈS DE 5000 HABITANTS.

VANNES, LE 5 MARS 1418 ...
IL ARRIVE ! IL ARRIVE ! ARZHUR SUIS-MOI : ALLONS L'ACCUEILLIR
IL N'EST QU'À UNE LIEUE DE LA VILLE !
MAIS ENFIN, YANN ... DE QUI PARLES-TU ?
PLUS VITE, NOUS ALLONS LE MANQUER ...
C'EST NOTRE DUC JEAN(1) QUI L'A INVITÉ DANS NOTRE BONNE VILLE DE VANNES !
ON DIT QU'IL A CONVERTI UNE MULTITUDE DE JUIFS ET DE SARRAZINS ...
... ET QU'IL RESSUCITE LES MORTS !
ME DIRAS-TU ENFIN DE QUI IL S'AGIT ?!
LE VOILÀ, REGARDE, C'EST LUI ... !!
(1) JEAN V
VINCENT FERRIER... MAÎTRE VINCENT !
IL ARRIVE TOUT DROIT DE CHEZ LE PAPE EN AVIGNON ...
UN ... UN PRÉDICATEUR ?
MAIS, DIS-MOI YANN ... QUI SONT CES GENS QUI LE SUIVENT ?
OH ! CE SONT DES FLAGELLANTS : DES PÉNITENTS QUI SUIVENT LE MAÎTRE EN SOUFFRANT POUR LA RÉMISSION DE LEURS FAUTES ...
CURIEUSE PRATIQUE ...
23
LE LENDEMAIN, UN DIMANCHE, FACE À UNE FOULE NOMBREUSE, VINCENT FERRIER DIT LA MESSE DEVANT LE CHÂTEAU DE L'HERMINE.
MES FRÈRES, ÉCOUTEZ MES PAROLES !
LE TEMPS DU CHÂTIMENT APPROCHE !

NUL N'EN CONNAIT LE JOUR NI L'HEURE ...
MAIS, JE VOUS LE DIS, L'HUMANITÉ VIT SES DERNIERS TEMPS !
TOUT HOMME DOIT SE REPENTIR ET RÉPARER SES FAUTES SANS TARDER ...
MA DOUE ! JE NE PARLE ET COMPRENDS QUE LE BRETON ... ET POURTANT SES PAROLES ME SONT CLAIRES !
C'EST FASCINANT !
ÇA ALORS ! EN QUELLE LANGUE PARLE-T-IL DONC ?
EUH ... EN CATALAN, JE CROIS ...
CET HOMME ... CE VINCENT ... IL COMMANDE AUX DÉFUNTS ... IL PARLE UNE LANGUE COMPRISE DE TOUS !
C'EST UN SIGNE QUE M'ENVOIE LA GRANDE MÈRE ! JE DOIS LUI PARLER !
APRÈS LA FIN DE LA MESSE ...
MAÎTRE ! GUÉRIS-MOI !
TOUCHE MON ENFANT, MAÎTRE !
AH ! ARZHUR ! TA SOUFFRANCE EST GRANDE EN VÉRITÉ ...
HÉLAS ! LA FIN DES TEMPS QUE J'ANNONCE NE TE CONCERNE PAS !
TON CALVAIRE PERSONNEL N'EST PAS PRÊT DE S'ACHEVER ...
ACCOMPAGNE-MOI DANS MA PRÉDICATION ... CELA T'AIDERA À PORTER TON FARDEAU.
HÉLAS, JE NE LE PEUX, MAÎTRE ! REVIENDRAS-TU À VANNES ?
JE TE LE PROMETS, ARZHUR !
NOUS NOUS REVERRONS !
À LA FIN DE CE MOIS-LÀ, VINCENT FERRIER QUITTA VANNES POUR UN PÉRIPLE À TRAVERS TOUTE LA BRETAGNE ET LA NORMANDIE. IL REVINT DANS LA CITÉ VÉNÈTE EN FÉVRIER 1419, FATIGUÉ ET MALADE. LOGÉ CHEZ LA VEUVE DREULIN, IL REÇUT LA VISITE DU DUC ET DE SON ÉPOUSE, JEANNE DE FRANCE ...

MES AMIS, MES FRÈRES, MA FIN APPROCHE ...
SOUVENEZ-VOUS DE MES PAROLES, N'OUBLIEZ PAS ...
ET TOI, ARZHUR, ACCOMPAGNE-LES ! AIDE-LES ! FAIS DE TON MIEUX ...
JE LE FERAI, MAÎTRE !
VINCENT FERRIER MOURUT LE 5 AVRIL SUIVANT.
DEUX JOURS PLUS TARD, LES VANNETAIS LUI OFFRIRENT DES FUNÉRAILLES EN GRANDE POMPE. IL FUT INHUMÉ DANS LE CHOEUR DE LA CATHÉDRALE.
L'ANNÉE SUIVANTE, ON PLAÇA LES OSSEMENTS DE SAINT VINCENT DANS UNE RICHE CHÂSSE, FERMÉE PAR TROIS CLEFS, QUI FUT REFAITE AU COURS DES SIÈCLES SUIVANTS.
PLUS TARD, EN 1624, UNE STATUE DE VINCENT FERRIER FUT PLACÉE POUR VEILLER SUR LA PORTE MARITIME DE VANNES.
PEU DE TEMPS APRÈS, LES PREMIERS MIRACLES EURENT LIEU SUR LE TOMBEAU. LE PROCÈS EN CANONISATION DE VINCENT FERRIER S'ACHEVA À ROME LE 29 JUIN 1455.
DÈS 1453, CHAQUE ANNÉE DES MILLIONS DE PÈLERINS VISITENT LA CATHÉDRALE OU ASSISTENT AU GRAND PARDON DE SAINT VINCENT, AU JOUR ANNIVERSAIRE DE SA MORT ... EN VÉRITÉ, LE CULTE DÉVELOPPÉ AUTOUR DU SAINT ET DE L'ÉTAPE DU FAMEUX TRO BREIZ, FUT UNE BÉNÉDICTION POUR VANNES, TANT POUR SA RÉPUTATION QUE POUR SON ÉCONOMIE !

(2) TRIBUNAL D'APPEL CRÉÉ À VANNES EN 1484 ET QUI FAIT DE LA VILLE LA CAPITALE JUDICIAIRE DU DUCHÉ.

AH ! SALAMON ! ALORS, QU'EN EST-IL DE MON GRANIT ET DE MON FÛT DE CHAUX DE CROQUILLES ? (1)
TOUT NOUS EST ARRIVÉ CE MATIN. VOS OUVRIERS PEUVENT VENIR LES CHERCHER !
(1) COQUILLAGES PILÉS
C'EST QUE LE VENT A ÉTÉ RUDE ! LES ESCAFFES (2) NE POUVAIENT PLUS MANOEUVRER !
JE VOIS QUE LE VIN NOUVEAU EST ARRIVÉ LUI AUSSI, OLIVIER !
(2) PETITS BATEAUX PLATS DU GOLFE
AH ! AH ! SACRÉ ARZHUR ! FIN CONNAISSEUR, PAS VRAI ? C'EST DU VIN DE BORDEAUX, ET DU MEILLEUR !
MAIS LES OUVRIERS D'ÉON KERVELIEN N'EN VERRONT PAS LA COULEUR : IL REPART DÈS DEMAIN POUR RENNES !
CE FUT LÀ UNE PÉRIODE FASTE MAIS TROP COURTE - DÈS 1487, LA GUERRE ENTRE LE DUC FRANÇOIS II ET LE ROI DE FRANCE CHARLES VIII RAMENA LES SOLDATS ENNEMIS SOUS LES MURS DE VANNES. SOUS LA PRESSION DES BOURGEOIS, LE CAPITAINE DE LA VILLE DUT CAPITULER. MAIS LES TROUPES DUCALES CHASSÈRENT LES FRANÇAIS ET ENTRÈRENT À VANNES LE 3 MARS 1488 ...
ET, À LA MI-SEPTEMBRE ...
ALORS, NOUS NE TIENDRONS PLUS LONGTEMPS ! LE MORAL N'Y EST PLUS DEPUIS LE DÉSASTRE DE SAINT-AUBIN DU CORMIER ! (3)
ARZHUR ! LE DUC EST MORT ! LA NOUVELLE VIENT DE PARVENIR EN VILLE !
(3) 28 JUILLET 1488
EN EFFET, EN JUIN 1491, LA VILLE EST REPRISE PAR LES FRANÇAIS - CHARLES VIII EN FAIT SON QUARTIER-GÉNÉRAL.
GENS DE VANNES, ÉCOUTEZ-MOI !
EN ACCORD AVEC MES ETATS QUE J'AI CONVOQUÉS EN VOTRE BONNE VILLE !
J'AI RÉSOLU DE FAIRE BONNE PAIX AVEC LE PEUPLE DE BRETAGNE ! ET POUR SCELLER À JAMAIS CETTE PAIX ... JE M'ENGAGE À ÉPOUSER ANNE, LA FILLE AÎNÉE DE VOTRE DEFUNT DUC FRANÇOIS !
HOURRAH !
NOËL ! NOËL !
VIVE LE ROI CHARLES
NOËL
VIVE LA PAIX !
VIVE ANNE DE BRETAGNE !
CERTES, CE MARIAGE, C'EST LA PAIX ... MAIS RÉFLÉCHISSEZ, GENS DE VANNES :
LA BRETAGNE EST DANS LA DOT !

LA PAIX REVENUE, EN 1505, LA DUCHESSE ANNE, DEVENUE REINE DE FRANCE, VISITA LE CHANTIER DE NOTRE CATHÉDRALE ...
CES TRAVAUX AVANCENT TROP LENTEMENT !
GREFFIER, PRENDS NOTE !
JE LAISSE 400 LIVRES DE MA CASSETTE EN DON À CET ÉDIFICE !
C'EST AUSSI À VANNES, EN AOÛT 1532, BIEN APRÈS LA MORT DE LA DUCHESSE, QUE LES ETATS DE BRETAGNE VOTÈRENT L'ACTE D'UNION RÉELLE ET PERPÉTUELLE AVEC LA FRANCE, EN PRÉSENCE DE FRANÇOIS Ier.
... NOUS VOULONS QUE LES DROITS ET PRIVILÈGES QUE CEUX DU DIT PAYS ET DUCHÉ ONT EU PAR CI-DEVANT LEURS SOIENT GARDÉS ...
1557
AH, MON BON ARZHUR, LES BONNES ANNÉES SONT DERRIÈRE NOUS ! DEPUIS LE TRANSFERT DU PARLEMENT À RENNES, LES AFFAIRES NE SONT PLUS CE QU'ELLES ÉTAIENT !
VA, TRANQUILISE-TOI, VENNES, IL NOUS RESTE LE PRÉSIDIAL (1) ! ET CETTE NOUVELLE ENSEIGNE QUE JE T'AI SCULPTÉE ...
... DEVRAIT T'AMENER UNE NOUVELLE CLIENTÈLE ! ...
DANS LES CHOSES QUI REGARDENT L'HONNEUR DE DIEU ET LE SALUT DES ÂMES ...
POUR SÛR ...
HEIN !?
QUI EST-CE ?
(1) TRIBUNAL QUI JUGEAIT SANS APPEL LES CAUSES CIVILES
... CHACUN N'EST RESPONSABLE QUE DE LUI-MÊME !
OH ! C'EST ENCORE UN DE CES PRÉDICATEURS DE LA RELIGION PRÉTENDUE RÉFORMÉE ... IL EN VIENT DE PLEINES CHARRETÉES DE MISSILLAC ...
UNE RELIGION RÉFORMÉE ? ...
BAH ! 'PEUVENT TOUJOURS VENIR ! LE VANNETAIS EST BIEN TROP ATTACHÉ AU CULTE DES SAINTS !
28
EN EFFET, AUCUNE ÉGLISE RÉFORMÉE NE PUT ALORS S'IMPLANTER À VANNES.
... MAIS LA PROXIMITÉ DE LA BASE RÉFORMÉE DE MISSILLAC AMENA LES AUTORITÉS DE LA VILLE À PRENDRE DES MESURES ; AINSI, EN 1574 ...
NOUS, REPRÉSENTANTS DES BOURGEOIS DE VANNES, EN ACCORD AVEC LES ETATS DU DIOCÈSE ...

... AVONS AUJOURD'HUI DÉCIDÉ DE LA CRÉATION EN NOTRE BELLE VILLE D'UN COLLÈGE, À L'INSTAR DE CEUX DE PARIS, AUQUEL SE FERA JOURNELLEMENT L'ÉTUDE DES BELLES LETTRES PAR AMOUR DE CELLES-CI ET PAR ZÈLE POUR LA VRAIE RELIGION !
LA CONSTRUCTION S'EN FERA DANS LES TERRAINS EN HAUT DU MARCHEIX. NOTRE ÉVÊQUE LOUIS DE LA HAYE Y A DÉJÀ AFFECTÉ LES DÎMES DES PAROISSES DE QUISTINIC ET DE SAINT-AYÉ.
PENDANT DES ANNÉES, J'AI ENSEIGNÉ LA POÉSIE ANTIQUE DANS CE COLLÈGE... PUIS EN 1590...
PAR MA FOI ! D'OÙ SORT TOUTE CETTE SOLDATESQUE ?
VOUS N'ÊTES PAS AU COURANT, MAÎTRE ? CE SONT LES TROIS MILLE SOLDATS ESPAGNOLS DU DUC DE MERCOEUR...
NOTRE GOUVERNEUR, RENÉ D'ARRADON LEUR DONNE LOGEMENT À SAINT-PATERN EN ATTENDANT QU'ILS AILLENT COMBATTRE LE ROI HENRI (1).
MOI QUI CROYAIT VENU LE TEMPS DE LA PAIX RELIGIEUSE !!
QUE FAIS-JE PARMI CES FANATIQUES, GRANDE-MÈRE ?
IL EST GRAND TEMPS DE REVENIR À L'ANONYMAT !
L'ESPAGNE, EN GUERRE CONTRE LE ROI DE FRANCE, MAINTINT UNE GARNISON À VANNES JUSQU'EN 1598.
QUANT À MOI, HABILEMENT ESCAMOTÉ DE MA FONCTION DE PROFESSEUR, JE DEVINS MUSICIEN DES RUES.
SANT PER DA JESUS LAVARE : DA VREIZ-IZEL IT, VA DOUÉ ? PER, DA VREIZ-IZEL ME NE DANN...
TUD DIVAC'HAN, PER, HA DOUR SK... HÉ...
MAIS QUE FONT-ILS AU CHÂTEAU DE L'HERMINE ?!!!
ILS LE DÉMOLISSENT, MON GARS !
'SERVAIT PLUS À GRAND' CHOSE...
ÇA ALORS !

(1) HENRI IV

J'HABITAI ALORS UNE MAIGRE CABANE, PRÈS DU PORT ...
HOLÀ, FANCH ! DÉJÀ DE RETOUR ?
FAUT BIEN ! LE CHASSE-MARÉE DOIT EMPORTER MES SARDINES VERS NANTES DANS MOINS D'UNE HEURE !
ALLEZ, ALLEZ, TAS DE FAINÉANTS ! CE BLÉ DOIT ÊTRE CHARGÉ À BORD AVANT LA NUIT ! IL EST ATTENDU À LA ROCHELLE DANS TROIS JOURS !
CE SERA UN FIER BATEAU ! 100 TONNEAUX ! AUSSI GROS QUE CEUX DE CHEZ PENNEC À AURAY !
CE XVIIe SIÈCLE FUT CELUI D'UNE RELATIVE PROSPÉRITÉ POUR LA VILLE. EN 1632, LE COLLÈGE AVAIT ÉTÉ CONFIÉ AUX JÉSUITES ET L'ON Y ENSEIGNAIT DÉSORMAIS LA PHYSIQUE, LA LOGIQUE ET LA THÉOLOGIE. MÊME SI LES ÉTUDIANTS ÉTAIENT PARFOIS TURBULENTS EN VILLE, LE COLLÈGE DE VANNES DEVINT UN VÉRITABLE CENTRE D'ACTION CULTURELLE ET SPIRITUELLE. AU LONG DU SIÈCLE, UNE DIZAINE DE NOUVEAUX COUVENTS S'INSTALLÈRENT VILLE.
QUE DE CHEMIN ACCOMPLI EN CINQUANTE ANS !
MAIS, EN 1675 ...
GENS DE VANNES, ÉCOUTEZ-MOI ! ÉCOUTEZ LES NOUVELLES D'IMPORTANCE QUI NOUS ARRIVENT DE RENNES !
C'EST SÛREMENT EN RAPPORT AVEC LES NOUVELLES TAXES SUR LE TABAC, LA VAISSELLE D'ÉTAIN ET LE PAPIER TIMBRÉ !
LES RENNAIS SE SONT MIS EN RÉVOLTE CONTRE LES TAXES QUE PARIS VEUT NOUS IMPOSER AU MÉPRIS DU TRAITÉ D'UNION DE 1532 ! ON DIT MÊME QUE COLBERT VEUT INSTAURER LA GABELLE !
OUI !
OUI !
C'EST SE MOQUER DE NOS DROITS !
ÇA ALORS !
REJOIGNONS LES RÉVOLTÉS DE RENNES ! REJOIGNONS LES BONNETS ROUGES ! DONNONS UNE LEÇON À TOUS CES PUISSANTS QUI NOUS ASSERVISSENT !
OUI !
IL A RAISON !
VIVE LES BONNETS ROUGES !
RÉVOLTE !
À BAS LES MAUVAIS MAÎTRES !
FAISONS-LEUR SIGNER LE CODE DES PAYSANS !
À BAS LES SEIGNEURS !

CE FUT UNE CRISE SÉRIEUSE POUR L'ENSEMBLE DU MONDE PAYSAN BRETON.
MAIS COLBERT NE TARDA PAS À RÉAGIR : 20 000 DRAGONS FURENT ENVOYÉS EN BRETAGNE.
VAS-TU NOUS DIRE OÙ SE CACHE LE DÉNOMMÉ YOUENN LE BERRE !
REPOSEZ EN PAIX, COMPAGNONS ! VOUS AVEZ MAL CHOISI L'HEURE DE VOTRE RÉVOLTE, MAIS SA CAUSE ÉTAIT JUSTE ...
L'AFFAIRE DES BONNETS ROUGES EUT NÉANMOINS UN CÔTÉ POSITIF POUR NOTRE VILLE RENNES, FOYER DE LA RÉVOLTE FUT, EN PUNITION, " PRIVÉE DE PARLEMENT DE BRETAGNE "
CE SONT LES ARCHIVES JUDICIAIRES ... ON LES MÈNE À MESSIRE D'ARGOUGES, LE PRÉSIDENT DU PARLEMENT !
... CELUI-CI REVINT S'INSTALLER À VANNES POUR QUINZE ANNÉES DE 1675 À 1689.
CE RETOUR DES PARLEMENTAIRES SONNA LA REPRISE DU COMMERCE !
PAR ICI, DRAPS DE LIN ! SERGE DE REIMS !
"VANNES ET SA FEMME" ?! TIENS, TIENS !
JE ME DEMANDE CE QU'EN PENSERAIT LE BON VENNES, POUR QUI ...
ARZHUR ! ARZHUR !
POSE TA VIELLE, COMPAGNON : LE MAIRE DE VANNES ET LA COMMUNAUTÉ DE VILLE ONT BESOIN DE NOS BRAS !
DE NOS BRAS ? EXPLIQUE -TOI, FANCH ! DE QUOI PARLES-TU ?
DE BÂTIR, PAOTR ! LES PARLEMENTAIRES VEULENT DES MAISONS EN DUR ! ET IL VA FALLOIR LOGER LES PRISONNIERS AUSSI !
POUR TOUT CELA, LA VILLE A BESOIN DE MAIN-D'ŒUVRE.

L'OUVRAGE NE MANQUAIT PAS, EN EFFET, ET JE ME FIS MAÇON …
… D'ABORD POUR CONSTRUIRE DE RICHES DEMEURES DE PIERRE …
… PUIS, EN 1691, POUR AMÉNAGER LA PROMENADE DE LA GARENNE ET LA PLACE D'ARMES QUI LA JOUXTE.
TOUT AU LONG DU XVIIIe SIÈCLE, ON OEUVRA AUSSI À MODERNISER LA VOIRIE DE LA VILLE.
CET AXE RELIERA LA PORTE SAINT-PATERN À LA PORTE SAINT-VINCENT …
ON ENTREPRIT DE VOÛTER LA NEF DE NOTRE VIEILLE CATHÉDRALE ET DE CHANGER LES CANALISATIONS AU COEUR DE LA VILLE.
ENFIN, JE PARTICIPAI AU CURAGE DU PORT DONT L'ENVASEMENT GÊNAIT L'ENTRÉE.
PFF! FAIT SOIF!
MERCI PETITE … MAIS … ! D'OÙ VIENS-TU TOI ?
COMMENT T'APPELLES-TU ?
MON NOM EST MARIE-ROSE CÉSAR … JE SUIS AU SERVICE DE LA DAME PERROT, DE LA PAROISSE SAINT-PIERRE …
JE SUIS ARRIVÉE IL Y A TROIS ANS SUR UN GROS BATEAU COMME CELUI-LÀ …
MAMM VRAS! LE COMMERCE TRIANGULAIRE! CES GENS SONT ACHETÉS ET REVENDUS COMME DE VULGAIRES SAC DE GRAINS!
PAUVRE PETITE! QUE DOIS-TU PENSER DE NOUS ?

EN 1789, J'ÉTAIS DEVENU MAÎTRE-MAÇON. ON ME DÉSIGNA POUR AIDER À LA RÉDACTION DES FAMEUX CAHIERS DE DOLÉANCES.
IL FAUT REMETTRE EN CAUSE LES DROITS FÉODAUX : POURQUOI LES NOBLES ONT-ILS LE DROIT D'ENTRETENIR GARENNES ET COLOMBIERS ET PAS NOUS ?
ET LE COMMERCE ?
PAS SI VITE ! LAISSEZ-MOI LE TEMPS D'ÉCRIRE !
VOILÀ, C'EST PRÊT ! J'ESPÈRE QUE NOS DÉLÉGUÉS EN FERONT BON USAGE AUX ÉTATS GÉNÉRAUX DE PARIS !
MAIS, LE 20 JUILLET ...
LA BASTILLE ! LE PEUPLE DE PARIS A PRIS LA BASTILLE !
C'EST LE COURRIER DE NANTES !
HOURRA ! C'EST LE RÉVEIL DES PATRIOTES !
À BAS LES PRIVILÈGES
QUI VEUT UNE COCARDE TRICOLORE ?
VIVE LE PEUPLE !
ARZHUR, VIENS NOUS REJOINDRE ! NOUS DEVONS FORMER UNE GARDE NATIONALE, COMME À PARIS !
NON, JOS ... JE ... JE SERAI PLUS UTILE AILLEURS.
MONSIEUR LE BARON ! MONSIEUR LE BARON ! OÙ ALLEZ-VOUS ?
JE ME RETIRE EN MON MANOIR DE SARZEAU, MON BON ARZHUR : LES TEMPS NE SONT PLUS SÛRS EN VILLE.
ET, AU DÉBUT DE 1790, À LA PORTE SAINT-SALOMON ...
VANNES FAIT DÉSORMAIS PARTIE DU DÉPARTEMENT DU MORBIHAN ...
C'EST QUOI, UN DÉPARTEMENT ?
C'EST UN RASSEMBLEMENT DE COMMUNES, UN PEU COMME ...
KRRRR
KRRR
HÉ, TU N'ENTENDS RIEN ? ON DIRAIT QUE LA PORTE CRAQUE ...

(1) 13 Février 1791

QUATRE CAVALIERS FURENT BLESSÉS
FINALEMENT, LES PAYSANS SE DISPERSÈRENT, LAISSANT VINGT-SEPT DES LEURS AUX MAINS DES DRAGONS...
LE 27 MAI, UN NOUVEL ÉVÊQUE, CONSTITUTIONNEL CELUI-LÀ, MONSEIGNEUR LE MASLE, ARRIVAIT À VANNES.
CE N'EST PAS UN VRAI ÉVÊQUE ! QU'IL AILLE SE FAIRE PENDRE AILLEURS !
IL A POURTANT RÉCLAMÉ LA LIBÉRATION DES PRISONNIERS DE FÉVRIER !
DEUX ANS PLUS TARD, EN MARS 1793...
LA PATRIE EN DANGER ? LEVÉE IMMÉDIATE DE 300 000 HOMMES POUR LE FRONT DU NORD ?
CETTE FOIS, ÇA VA ÊTRE L'INSURRECTION !
LE 14, DES CENTAINES DE PAYSANS SE RASSEMBLÈRENT À L'ENTRÉE DE VANNES, MALGRÉ LES TENTATIVES D'APAISEMENT DE LA MUNICIPALITÉ.
NOUS N'AVONS PLUS DE ROI !
ILS ENTRÈRENT EN VILLE PAR LA RUE SAINT YVES...
NOUS N'AVONS PLUS DE PRÊTRES !
... PAR LA RUE DE LA BOUCHERIE,
ON VEUT NOUS PRENDRE NOS ENFANTS !
PAR LE FAUBOURG SAINT PATERN...
RÉGLONS NOS COMPTES AVEC LA NATION !
... PAR LE PORT...
PARTOUT, LA TROUPE CHARGEA POUR REFOULER ET REPOUSSER LA FOULE.
ON FIT CE JOUR-LÀ PLUS DE 150 PRISONNIERS.
APRÈS LA CHUTE DES GIRONDINS, LA CONVENTION Y ENVOYA UN DÉLÉGUÉ, PRIEUR.
CONSIDÉRANT QUE VANNES A ÉTÉ JUSQU'À CE JOUR EN PROIE AU FANATISME, AU ROYALISME ET PAR ORDRE DU DÉLÉGUÉ DU COMITÉ DE SALUT PUBLIC...
... LA TERREUR EST MISE À L'ORDRE DU JOUR CONTRE LES ENNEMIS DU PEUPLE ! LA VILLE SERA DÉSORMAIS CERNÉE PAR LES TROUPES AFFECTÉES À LA DÉFENSE DU MORBIHAN !

HÉLAS, CE N'ÉTAIT LÀ QUE LE DÉBUT DE NOS TOURMENTS ...
VANNES SE MIT À GROUILLER DE SOLDATS TANDIS QUE LE DÉLÉGUÉ PRIEUR S'EN ALLAIT AIDER À L'ÉLIMINATION DES VENDÉENS.
À L'HIVER 1793-1794 SURGIRENT DE PETITES BANDES DE PAYSANS BIEN ARMÉS, QU'ON APPELA CHOUANS. LEUR STRATÉGIE VISAIT À TENIR LA CAMPAGNE ET À ISOLER LES VILLES.
VANNES DEVINT DE CE FAIT LE CENTRE DE LA RIPOSTE DES BLEUS.
LE 19 MARS 1794, 9 PAYSANS CONVAINCUS DE CHOUANNERIE FURENT FUSILLÉS SUR LA GARENNE ...
VIVE LA ROYAUTÉ
FEU!
LE 26 JUILLET SUIVANT, LES PRINCIPAUX CHEFS CHOUANS DU MORBIHAN SE RÉUNIRENT.
L'ARMÉE CATHOLIQUE ET ROYALE DE BRETAGNE EST ARMÉE POUR LE RÉTABLISSEMENT DE LA VRAIE RELIGION ET DE LA ROYAUTÉ POUR LA LIBERTÉ ET LE SOULAGEMENT DES PEUPLES.
NOUS NE DÉPOSERONS LES ARMES QU'APRÈS AVOIR ATTEINT CES BUTS!
AU MÊME MOMENT NOUS PARVINT LA NOUVELLE DE LA CHUTE ET DE LA MORT DE ROBESPIERRE À PARIS.
LA CONVENTION OFFRIT ALORS L'ARMISTICE AUX CHOUANS ...
MAIS CEUX DU MORBIHAN, MENÉS PAR CADOUDAL RÉCEMMENT ÉVADÉ DE BREST REFUSÈRENT DE NÉGOCIER
MES AMIS, NOUS NE DEVONS PAS CÉDER MAINTENANT! NOS AMIS ÉMIGRÉS EN ANGLETERRE NOUS PRÉPARENT UN ENVOI DE RENFORTS
DE QUOI FAIRE TRIOMPHER NOTRE CAUSE!
LE DÉBARQUEMENT DES ÉMIGRÉS SE FIT LE 27 JUIN 1795 À CARNAC ET DANS LA PRESQU'ÎLE DE QUIBERON ...
MALHEUR! NOS CANONS ATTEIGNENT AUTANT LES NÔTRES QUE LES BLEUS!
... DANS DES CONDITIONS DÉSASTREUSES.
DEPUIS SON QUARTIER-GÉNÉRAL DE VANNES, HOCHE DIRIGEA LA CONTRE-OFFENSIVE.
NOUS ALLONS REFERMER SUR EUX LE PIÈGE DE LA PRESQU'ÎLE!
ILS NE PEUVENT PLUS S'ÉCHAPPER!
PEU DE TEMPS APRÈS, LES ÉMIGRÉS AUXQUELS ON AURAIT PROMIS LA VIE SAUVE DÉCIDÈRENT DE SE RENDRE ...
HUMBERT, LIEUTENANT DE HOCHE FIT CE JOUR-LÀ PLUSIEURS MILLIERS DE PRISONNIERS.

(1) A PONT DU LOC

ET LA VIE REPRIT SES DROITS. EN 1825...
LA VOILÀ PERCÉE CETTE FAMEUSE BUTTE DE KÉRINO !
ENFIN ! L'ACCÈS DU PORT S'EN TROUVERA FACILITÉ !
HÉLAS...
MALO DU ! LE PORT EST ENCORE ENVASÉ !
QUE FAIT LE CONSEIL MUNICIPAL ?
SEULS LES NAVIRES DE MOINS DE 2,4 MÈTRES DE TIRANT D'EAU PEUVENT ENTRER !
VOILÀ POURQUOI TOUS LES BATEAUX MARCHANDS PRÉFÈRENT ACCOSTER À LORIENT !
PLUSIEURS FOIS PAR AN, DES FOIRES AUX BESTIAUX SE TENAIENT EN VILLE.
AVEC MON COMPÈRE JAKEZ, J'ALLAIS Y SONNER DE JOYEUX AIRS.
VOILÀ À QUOI SE RÉSUMENT LES AFFAIRES DE NOTRE BONNE VILLE, ARZHUR : LE COMMERCE DES VACHES ET DES COCHONS.
QUE NOUS RESTE-T-IL ? LA MAISON GALLES QUI IMPRIME CATÉCHISMES ET MISSELS POUR TOUTE LA BRETAGNE ?
ON DIT QU'ELLE S'APPRÊTE À DÉBAUCHER.
AH ! VOILÀ UNE AFFAIRE QUI MARCHE : LA TANNERIE ! COMBIEN DE MINOTERIES DE L'ÉTANG DU DUC SE SONT-ELLES TRANSFORMÉES EN MOULIN À TAN ?
SÛR ! DU BEAU TRAVAIL !
MAIS LIMITÉ ! TOUT VANNETAIS, L'HIVER VENU PRÉFÈRE SES BOTEU COËT(1) À N'IMPORTE QUELLE CHAUSSURE DE CUIR !
ET LA CONSTRUCTION NAVALE PÉRICLITE AVEC L'INACTIVITÉ DU PORT. TOUS NOS CHARPENTIERS PARTENT POUR NANTES OU LORIENT !
HORNE XIXe SIÈCLE.

(1) SABOTS

EN 1862, L'ARRIVÉE DU CHEMIN DE FER RAMENA UN PEU D'ESPOIR.
AH! AH! AH! REGARDE ÇA JAKEZ!
BEVET EN DIAOL! QUELLE FUMÉE!
CE FUT HÉLAS, POUR PEU DE TEMPS: VANNES N'ÉTAIT EN FAIT QU'UNE HALTE SUR LA LIGNE REDON-QUIMPER.
L'OUVERTURE EN 1882 D'UNE LIGNE AURAY-QUIBERON FIT DE PLUS PERDRE À NOTRE VILLE SON RÔLE DE TÊTE DE LIGNE MARITIME.
POUR QUELQUES ANNÉES, LE RECOURS VINT DE L'ARMÉE: EN 1874, DEUX RÉGIMENTS D'ARTILLERIE S'INSTALLÈRENT À VANNES.
UN RÉGIMENT D'INFANTERIE LES REJOINT EN 1881.
3000 HOMMES DE TROUPE, MON VIEUX ARZHUR! 2000 CHEVAUX! MON COMMERCE VA REPRENDRE!
ET MOI, JE ME SUIS ENGAGÉ SUR LES CHANTIERS DES CASERNES. PARAÎT QU'ON VA EN CONSTRUIRE DEUX!
LE GÉNÉRAL TROCHU A RUDEMENT BIEN FAIT D'APPUYER LA CANDIDATURE DE VANNES CONTRE CELLE DE LORIENT!
POUR SÛR À TROCHU!
C'EST AUSSI VERS CETTE DATE QUE JE REJOIGNIS LA SOCIÉTÉ POLYMATHIQUE DU MORBIHAN.
VOICI DU MATÉRIEL PROVENANT DES DERNIÈRES FOUILLES DE CARNAC...
OUI, CE SONT DES HACHES VOTIVES EN JADÉITE, VIEILLES D'ENVIRON 7000 ANS.
ÇA ALORS! VOS CONNAISSANCES EN ARCHÉOLOGIE SONT PRODIGIEUSES!
VOUS CROYEZ? J'AI TOUT APPRIS DE MONSIEUR MILN ET J'AI LU TOUS LES OUVRAGES DE GALLES ET FOUQUET...
HÉ HÉ! LA DÉESSE-MÈRE SEMBLE NE PLUS CONDAMNER LE PILLAGE DE SES SANCTUAIRES... LE TEMPS DE MA DÉLIVRANCE APPROCHERAIT-IL?
EN 1886, J'ASSISTAI À L'INAUGURATION DU NOUVEL HÔTEL DE VILLE.
EMILE BURGAULT MAIRE DE VANNES 1847 - 1848 1870 - 1872 1878 - 1888
LE XIXe SIÈCLE FINISSAIT DOUCEMENT...

MAIS, AU MOIS D'AOÛT 1914...
ORDRE DE MOBILISATION GÉNÉRALE
DÉMUNI D'ACTE DE NAISSANCE, JE NE FUS PAS ENVOYÉ AU FRONT. MAIS JE PASSAI LES QUATRE ANNÉES DE GUERRE SUR UN SINAGOT...
... À SILLONNER LE GOLFE DU MORBIHAN, POUR ÉVITER LES QUESTIONS DES CURIEUX.
SUR LES 2500 VANNETAIS MOBILISÉS, UN TIERS NE RENTRÈRENT PAS AU PAYS...
À L'ARMISTICE, JE ME FORGEAI UNE NOUVELLE IDENTITÉ... JE M'APPELAI DÉSORMAIS ARTHUR DEVANNES !
VA DONC FAIRE UN TOUR DU CÔTÉ DE LA BOULONNAISE, LA FABRIQUE DE BOIS INSTALLÉE RUE DU POLYGONE...
...'PARAÎT QU'ILS EMBAUCHENT !
LE TRAVAIL EST SIMPLE, MON GARS... VOILÀ DU BOIS EXOTIQUE QUI EST ARRIVÉ CE MATIN DE LORIENT...
COMPRIS !
TU LE PASSES DANS CETTE MACHINE QUI LE DÉBITE EN LAMES DE PARQUET ! ATTENTION AUX DOIGTS !
SITÔT MA PREMIÈRE PAYE EN POCHE, J'ALLAI M'HABILLER AUX MAGASINS MODERNES, RUE DU MÉNÉ.
C'EST LE DERNIER CHIC ! VOUS EN SEREZ CONTENT !
À CETTE ÉPOQUE, VANNES COMMENÇAIT À SORTIR DE SES LIMITES HISTORIQUES : LE BÂTI SE DÉVELOPPAIT AU NORD DE LA VOIE FERRÉE ET À L'OUEST, DANS UN MOUVEMENT DÉJÀ AMORCÉ AU XIXe SIÈCLE.
VERS 1936, LA VILLE DÉPASSA LES 20 000 HABITANTS.
EN 1933, MAURICE MARCHAIS FUT ÉLU À LA MAIRIE. IL FAVORISA L'OUVERTURE D'ATELIERS MUNICIPAUX POUR AIDER LES CHÔMEURS.
JE FUS L'UN DES PREMIERS À EN BÉNÉFICIER : LA BOULONNAISE AVAIT DÉPOSÉ SON BILAN EN 1928.

MAIS, EN SEPTEMBRE 1939...
L'ALLEM... ENVAHIT ...OLOGNE
MAMM VRAS ! C'EST REPARTI !
OUTRE LE DÉPART DES MOBILISÉS, LA GUERRE NE SE FIT SENTIR À VANNES QU'À PARTIR DE MAI 40
ET VOUS, D'OÙ VENEZ-VOUS ?
DE CLICHY, PRÈS DE PARIS... ON A REJOINT CEUX QUI VENAIENT DU NORD VERS LE MANS.
AU SOIR DU 21 JUIN, D'AUTRES "VISITEURS" ARRIVÈRENT EN VILLE.
COUVRE-FEU DE 23 HEURES À 7 HEURES ! PLUS DE BOISSONS ALCOOLISÉES ! CENSURE DES JOURNAUX ! ÉLECTRICITÉ, GAZ ET VIANDE RATIONNÉS !
HEUREUSEMENT, IL NOUS RESTE LE POISSON DU GOLFE !
TU PARLES ! À CE QU'IL PARAÎTRAIT QU'ON AURAIT DIT QUE LES BOCHES VOUDRAIENT FAIRE FONDRE LA STATUE DE RICHEMONT... POUR EN RÉCUPÉRER LE MÉTAL !
NON ?!
ALORS LÀ ILS DÉPASSENT LES BORNES !
RICHEMONT 1393-1458
LA STATUE FUT CEPENDANT SAUVÉE CAR ON L'ASSIMILA À UN SYMBOLE ANTI-ANGLAIS.
LE MAIRE MAURICE MARCHAIS FUT RÉVOQUÉ EN MARS 1941 ET REMPLACÉ PAR EDMOND GÉMAIN.
ON DIT QU'IL A TRAITÉ PÉTAIN DE "VIEILLE GANACHE" EN PUBLIC.
L'ANCIEN MAIRE SE CONSACRA AU RÉSEAU DE RÉSISTANCE LIBÉRATION NORD AUQUEL JE PARTICIPAIS...
BON SANG, REGARDE CES LUEURS ! LES ALLIÉS BOMBARDENT LORIENT !
ÇA FERA ENCORE DES RÉFUGIÉS POUR DEMAIN !
ET, DANS LA NUIT DU 6 JUIN 1944, APRÈS PLUS DE 1500 JOURS D'OCCUPATION.
ÇA ALORS ! LES VOLETS VIBRENT !
IL SE PASSE QUELQUE CHOSE... D'IMPORTANT !

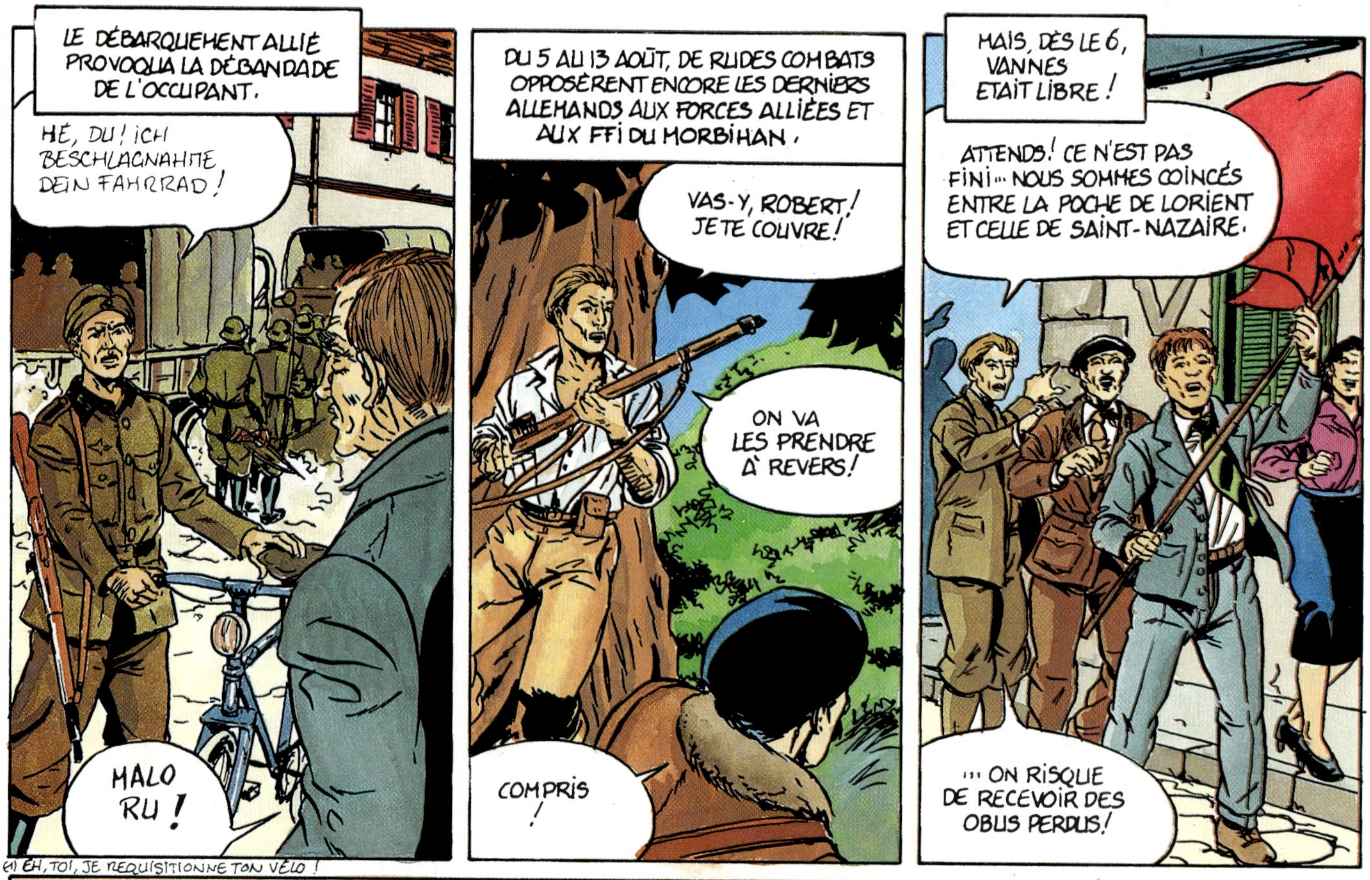

DÈS L'APRÈS-GUERRE ET JUSQUE DANS LES ANNÉES 90, D'IMPORTANTES INDUSTRIES CHOISIRENT NOTRE VILLE POUR Y IMPLANTER LEURS STRUCTURES : GUYOMARC'H, MICHELIN, TABUR. CELA PERMIT À LA POPULATION VANNETAISE EN CONSTANTE AUGMENTATION DE TROUVER LES EMPLOIS NÉCESSAIRES À SON ÉQUILIBRE...

ET PUIS, VANNES EST LE CHEF-LIEU DU DÉPARTEMENT, SIÈGE DE LA PRÉFECTURE ...
HÔTEL DE DÉPARTEMENT
ÇA AUSSI, ÇA COMPTE !
ENFIN ... IL Y A LE TOURISME ! À LA SAISON, LE GOLFE DU MORBIHAN ATTIRE DES FOULES CONSIDÉRABLES !
ET, VANNES, COMME UN JOYAU DANS SON ÉCRIN, Y TIENT LA PREMIÈRE PLACE ! LES TOURISTES RAFFOLENT DE SON VIEUX LAVOIR. (1)
... DE SES REMPARTS ...
(1) CONSTRUIT AU XIXe SIÈCLE
... ET DES MAISONS À PANS DE BOIS AU COEUR DESQUELLES NOTRE BONNE VIEILLE COHUE VIENT D'ÊTRE AMÉNAGÉE EN MUSÉE.
SÛR
2000 ANS D'HISTOIRE ... CE N'EST PAS RIEN !
À QUI LE DIS-TU ?
ET VOILÀ LE PORT ... UN DES PLUS AGRÉABLES PORTS DE PLAISANCE DE BRETAGNE !
LUI AUSSI A BIEN CHANGÉ !
TIENS, AU FAIT - IL FAUT QUE JE TE DISE ...
... JE REPRENDS LA MUSIQUE ! ON M'A PROPOSÉ D'ENREGISTRER UN DISQUE !
FÉLICITATIONS, MON VIEUX ! JE SAIS QUE CE PROJET TE TENAIT À COEUR ... DEPUIS TRÈS LONGTEMPS !

Achevé d'imprimer
sur les presses de Campin
à Tournai - Belgique